Le louveteau sait hurler dès l'âge de **32 jours**



**à 1 800 hertz**

c'est la fréquence des sons émis par le loup quand il hurle

Les louveteaux restent **40 à 50 jours** dans la tanière avant de sortir

Les louveteaux, en buvant le bon lait gras de la louve, grossissent jusqu'à **230 g** par jour

*Les jeunes loups savent chasser seuls à l'âge de* **10 mois**

**À 7 mois** les louveteaux ont leurs **42 dents** définitives

**50 à 100 km**

c'est la distance que peut parcourir un loup en 24 heures

**Collection dirigée par Valérie TRACQUI**

Titres déjà parus

**Les chevaux**
**Les dauphins**
**Les loups**

Avec tous nos remerciements à Luigi BOITANI et à Geneviève CARBONE, éthologues spécialistes du loup, dont les recherches ont été utilisées pour réaliser cet ouvrage. Merci aussi à Florence ENGLEBERT de la mission Loup, de France Nature Environnement (FNE) pour sa relecture attentive.


Loi 49.956 du 16.07.1949
ISBN : 2.7459.1903.2
Dépôt légal : 4e trimestre 2005
Imprimé en Espagne

C'est ma **passion**

# Les loups

Texte de Valérie TRACQUI

Illustrations
Benoît CHARLES
Amandine LABARRE

MILAN
jeunesse

# Les loups

## Sommaire

# Tout savoir

D'un naturel plutôt réservé, le loup n'est pas le prédateur sanguinaire qu'on imagine. Il tue pour se nourrir et évite le contact avec l'homme. C'est un animal social qui vit en petite meute familiale, et ce n'est pas le couple dominant qui dirige tout ! Les croyances doivent maintenant s'ajuster à la réalité...

La plupart des loups sont gris, même si leur pelage est nuancé.
Pourtant, les enfants les dessinent toujours en noir avec les yeux jaunes !

# Une fière allure

**Avec son corps élancé et souple, le loup a une allure noble, qui symbolise la force et la fierté. Il ressemble à la fois au chien de traîneau et au berger allemand, avec de grosses pattes par rapport au reste du corps.**

## Tout en muscles

Quelle que soit la sous-espèce géographique, le loup a **une allure typique** : haut sur pattes le museau allongé, les joues musclées et les oreilles dressées. Avec son cou épais et ses larges épaules, il donne une impression de **puissance**. Ses longues pattes, dont les coudes sont tournés vers l'intérieur, sont pourvues de **griffes**, **non rétractiles**, qui poussent sans arrêt. Il s'en sert pour creuser sa tanière, poursuivre un petit rongeur, ou pour enterrer des restes de nourriture.

### Adaptés au milieu

Les loups ont des tailles et des couleurs très variées, selon le milieu et la zone géographique où ils vivent. Les espèces nordiques sont plus grosses avec de petites oreilles et un pelage épais : ainsi, elles conservent mieux la chaleur. Au contraire, les loups qui vivent au sud (Arabie, Égypte...) sont plus petits, avec de grandes oreilles et un poil court. Les 32 sous-espèces proches ont été regroupées en 11 types différents, qui peuvent se reproduire entre eux.

## Des crocs impressionnants

**La puissante mâchoire** du loup constitue sa principale arme d'attaque. Elle est munie de **42 dents**, dont les canines qui peuvent mesurer 3,5 cm de long. Ces **crocs** servent essentiellement à maintenir la proie, tandis que **les incisives** lacèrent la chair. Avec les molaires, le loup découpe la viande en morceaux, qu'il avale tout rond, sans les mâcher. Il ronge aussi les os. Cette mâchoire a une puissance qui dépasse **150 kg/cm²**. De quoi broyer les os les plus durs !

Ces deux frères, de couleurs différentes, font partie d'une même portée.

Les crocs ont sans doute accentué la peur du loup chez l'homme.

## Un regard fascinant

**Les yeux** du loup ont fait trembler l'homme depuis la nuit des temps, car ils **brillent la nuit**. D'une couleur dorée, ils sont implantés à l'oblique. L'iris est ambré, et surtout la composition de la rétine permet au loup de profiter du moindre éclairage pour voir la nuit. Sa vision n'est pas mauvaise, mais elle saisit mieux les sujets **en mouvement** que les formes immobiles.

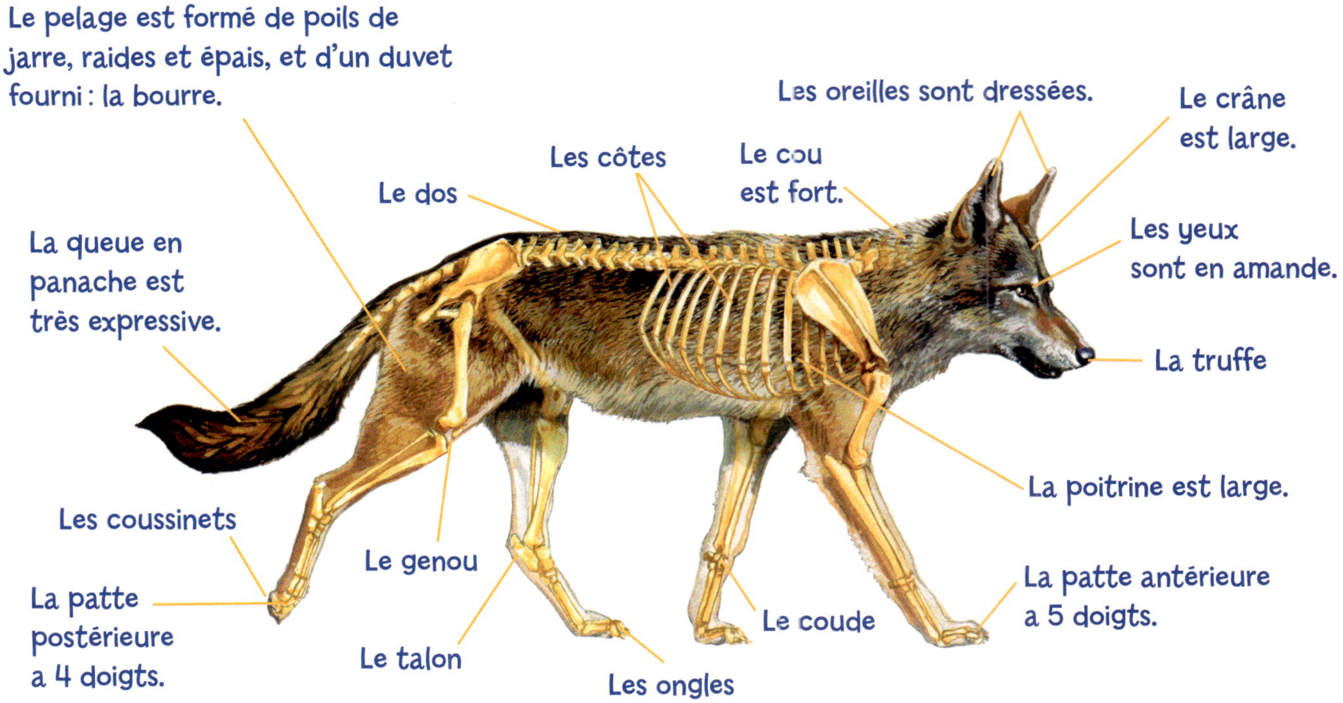

# Bien équipé

**Le loup a des sens très développés qui font de lui un excellent chasseur. Il vit dans un monde d'odeurs et de sons, très différent du nôtre.**

## Une ouïe fine

Le loup entend **bien mieux** que l'homme. Il capte les hurlements des autres loups jusqu'à **10 km de distance** et perçoit aussi le mouvement léger d'une petite proie dans un buisson. Son ouïe n'est gênée que par le brouillard ou le vent. Chaque loup a **sa propre voix**, ce qui permet de différencier les individus en analysant leur empreinte vocale. La variété de ces vocalises témoigne aussi de l'importance de l'audition dans la vie des loups.

Mobiles et expressives, les oreilles dressées du loup peuvent s'orienter dans la direction du bruit.

### Sans transpirer

Le loup ne transpire pas par la peau comme nous le faisons. Pour réguler sa température, il n'a pas d'autres moyens que d'ouvrir la gueule et de haleter en faisant passer de l'air à travers ses muqueuses, comme la langue.

Le loup tire la langue pour réguler la température de son corps quand il a trop chaud.

Le loup a un organe très performant pour sentir les odeurs : son nez.

## Tout à l'odeur

Des chercheurs ont montré que le loup, grâce à **son odorat très subtil**, peut capter l'odeur d'un élan à 300 m et d'une vache à 1 500 m. Nez au vent, il est capable de retrouver son chemin dans la neige, il repère ses proies et les piste. C'est grâce à **un organe spécial**, situé à l'arrière du palais, que le loup met en communication l'air qui passe par sa gueule et son nez. Cela lui permet de sentir les odeurs de la nourriture qu'il a en bouche.

Les canidés du genre Canis, comme le loup, ont tous un museau moins pointu que celui du renard (du genre Vulpes).

## Des messages odorants

Le loup peut identifier un congénère par **son marquage odorant**. C'est ainsi qu'il peut mesurer son **état physiologique** : identité, sexe, âge, et même place dans la hiérarchie de la meute. Il peut également apprécier si l'animal a peur ou bien s'il est en colère, car **son odeur change** alors. Par leurs seules glandes sudoripares, situées entre les doigts de pied, les loups informent leurs congénères de leur passage. Le loup dominant marquera alors le sol avec **son urine** pour confirmer sa supériorité sur ce territoire.

## Une vue médiocre

Le loup n'a pas vraiment une bonne vue. Comme de nombreux prédateurs terrestres, il perçoit surtout **le mouvement**, en particulier de loin. Sa vision des couleurs est **faible**, car il ne voit probablement **que le rouge et le jaune**. Mais comme il évolue dans un monde très différent du nôtre, il est difficile de s'imaginer ce que perçoit le loup et ce qui est important pour lui.

# Un coureur infatigable

**Agile et rapide, le loup est taillé pour la course de fond. Grâce à sa conformation robuste, il peut davantage courir longtemps que très vite.**

Le loup passe sa vie à parcourir son territoire, qui s'étend sur des centaines de kilomètres carrés.

## Trotteur de fond

Le loup a une cage thoracique étroite, mais sa ventilation accélérée facilite le trot. C'est un coureur infatigable qui peut parcourir (à une vitesse moyenne de 25 km/h) **de 50 à 100 km en 24 h**, à la recherche de proies. En revanche, sa vitesse de pointe ne dépasse pas les **70 km/h** sur quelques centaines de mètres. Aussi, il ne poursuit pas un cervidé longtemps et abandonne la partie quand la distance avec la proie ne se réduit pas rapidement.

Le loup est agile et puissant. Il n'hésite pas à sauter d'un bond pour franchir un obstacle.

## Une empreinte caractéristique

L'empreinte est une donnée précieuse, qui permet au chercheur d'évaluer **le nombre d'animaux présents** dans une meute et **la surface** de leur domaine vital. En montagne, **la neige** est comme un livre ouvert, qu'il faut déchiffrer régulièrement pour pouvoir suivre la vie des loups. Associées aux autres signes de passage (carcasses, jets d'urine, gouttes de sang, crottes, terre grattée...), **les pistes de loups** nous livrent bien des secrets, à condition de les lire avant la prochaine chute de neige !

Une empreinte n'est jamais une signature sûre, car celle du loup ressemble à s'y méprendre à celle d'un grand chien.

**Loup ou renard ?**

Pour différencier l'empreinte du loup de celle du renard, il faut tracer une petite ligne derrière les 2 coussinets avant : si le trait coupe les coussinets arrière, c'est un loup (ou un grand chien) ; sinon, c'est un renard.

Le loup dégage un message odorant au niveau des coussinets quand il marche.

## Sur les doigts

Les loups sont **digitigrades** – ils se déplacent sur leurs doigts –, contrairement à l'ours ou à l'homme, qui sont plantigrades – ils marchent sur la plante du pied. Les pattes antérieures du loup ont **5 doigts**, avec un pouce plus haut que les autres, qui ne marque donc pas le sol.
Les pattes postérieures ont 4 doigts. Ce mode de locomotion permet au loup d'être **un bon coureur de fond**, et l'élasticité de ses tendons assure la souplesse de la démarche.

En Amérique du Nord, les meutes regroupent un nombre plus important de loups qu'n Europe. En France, ils sont de 2 à 7 par clan.

# Une vie en meute

**Le loup est un animal social, qui préfère la compagnie de ses semblables à la vie solitaire. Il vit en petite meute familiale dans laquelle chacun a un rôle précis. Le mythe du couple dominant qui dirige tout est à revoir…**

## Un noyau familial

Les loups ne se regroupent **pas au hasard** pour être plus efficaces à plusieurs. Un couple fondateur constitue une **famille avec ses descendants**, associés parfois aux frères, sœurs ou cousins. La grande majorité des membres du clan a **un lien de parenté**, même si quelques individus étrangers peuvent être adoptés.

**Pas si simple !**

D'après des études faites sur des loups captifs, et sous l'influence de fictions allant dans ce sens, comme « Croc-Blanc » ou « Le Livre de la jungle », on pensait que la meute était dirigée par un couple dominant alpha, placé tout en haut de l'échelle hiérarchique. Mais cette conception de la loi du plus fort, qui plaisait bien à l'homme, est aujourd'hui remise en question.

## Au commencement, la dispersion

Tout commence entre la fin de l'hiver et l'été, le plus souvent en avril-mai, quand les jeunes loups **doivent quitter leur meute d'origine**. Ils ont entre 1 an et demi et 5 ans. Solitaires, ils parcourent plusieurs centaines de kilomètres pour s'installer sur un nouveau territoire : c'est **la dispersion**. Chacun doit trouver un terrain de chasse libre, avec suffisamment de **proies disponibles** pour nourrir une portée. Il leur faut aussi rencontrer un partenaire de sexe opposé. Il leur faudra parfois plusieurs années de vie de couple avant de fonder une nouvelle famille.

## Un couple fondateur

Au printemps suivant, la meute est parfois formée. Elle est constituée du **couple reproducteur** et de **la portée de l'année** (de 4 à 6 louveteaux en moyenne). L'hiver suivant, le couple se reproduit à nouveau et la nouvelle portée s'ajoute aux jeunes sub adultes, qui partent bientôt. Comme l'installation d'un couple sur un nouveau territoire dépend de nombreux paramètres, **les loups plus âgés** ont plus de chances de réussir. La taille de la meute varie donc selon les saisons, mais aussi d'un continent à l'autre (**de 2 loups en Europe à 36** pour la plus grande meute d'Alaska).

Le couple dominant ne décide pas forcément de tout dans la meute. Chacun a son rôle.

Dans la meute, les relations entre les loups sont sans cesse réaffirmées.

## Une société organisée

Les observations sur le terrain montrent qu'en réalité, il ne faut pas confondre **la position hiérarchique** des loups et **le fonctionnement du groupe**. Les tâches de la meute sont réparties entre plusieurs membres, chaque loup ayant un **rôle particulier** : initiative des déplacements, soins et surveillance des jeunes, accès à la nourriture, marquage du territoire, initiative du hurlement... Ceci est **indépendant** de la relation entre les individus, qui se positionnent les uns par rapport aux autres par des attitudes de dominance ou de soumission.

Le dominant

Le dominé

Les loups passent la moitié de leur temps à se reposer grâce à la sécurité garantie par la vie en meute.

# Parler « loup »

**Les loups communiquent entre eux par des odeurs, mais aussi des sons, des postures et des mimiques faciales. Hurler permet à la fois de calmer et de souder le groupe.**

## Cris et hurlements

Le hurlement du loup est une **émission sonore harmonique** composée de plusieurs sons. Il est émis par un loup, **seul ou en groupe**, à n'importe quel moment du jour et de l'année. L'un des loups initie le chœur et les autres se joignent à lui au fur et à mesure. On pense que le hurlement sert à **la cohésion** de la meute et **décharge les tensions**. Le loup isolé appelle ainsi son groupe, et le clan marque localement les limites de son territoire en hurlant. On dirait que les loups **apprécient** ce contact sonore. Ils peuvent aussi gronder, hurler, aboyer, japper et gémir.

En groupe, la meute hurle pendant environ une minute et demie, puis elle fait une pause et recommence plus brièvement une deuxième fois.

### Chacun sa voix

Les scientifiques recensent souvent les loups en diffusant un hurlement depuis un lieu en hauteur pour que les individus en meute répondent (c'est le « wolf howling »). L'enregistrement des réponses permet de déterminer le nombre de participants au hurlement, car chaque loup a sa propre voix.

## Tout en odeurs

Les loups **marquent leur territoire** en urinant et en laissant leurs crottes sur des points bien en vue. C'est **le couple dominant** qui a ce rôle particulier, mais tous les loups laissent l'odeur du groupe quand ils se déplacent. Ils se sentent aussi les uns les autres, en particulier au niveau des zones ano-génitales, seulement accessibles aux loups dominants.

L'animal soumis se couche sur le dos, urine et présente ses organes génitaux au loup dominant.

## Des attitudes claires

**Deux postures corporelles** sont particulièrement démonstratives chez les loups. Elles se répondent et s'opposent. **La dominance** se caractérise par une queue relevée en panache, les pattes arrière tendues, le regard droit, les oreilles dressées, le poil gonflé. Face à cette attitude, **le dominé** se présente la queue basse, recourbée sur le côté du corps ou entre les pattes arrière, les pattes fléchies, la tête inclinée, le regard détourné et les oreilles basses, couchées.

Attitude agressive

Attitude de peur

Le léchage des commissures de la gueule est une manière, pour les loups inférieurs, de se soumettre aux dominants.

La façon dont le loup peut retrousser ses babines et froncer son nez est étonnante.

## Des mimiques faciales

Le loup adopte des mimiques avec ses yeux, ses oreilles, ses gencives et sa gueule. Il est très expressif. **Le contraste des couleurs** est ainsi mis en valeur, entre les crocs blancs, la langue rouge et les lèvres noires. Bien sûr, l'homme **interprète ces mimiques** selon ses propres critères : agressivité, peur, menaces, curiosité, neutralité…

Attitude neutre

# Une chasse collective

**Le loup est un prédateur opportuniste, qui a besoin de chasser des proies vivantes pour manger de la viande. Le fait de vivre en meute lui permet de s'attaquer à de grosses proies, mais il mange de tout.**

Les loups se déplacent à la queue leu leu, posant leurs pattes dans les empreintes de celui de devant.

## Les séquences de la chasse

L'été, le loup chasse souvent seul, plus ou moins autour de sa tanière. C'est plutôt **l'hiver** qu'il chasse en meute. Contrairement à ce que l'on a affirmé, les loups **ne développent pas** une véritable stratégie de chasse. Ils cherchent d'abord une piste odorante, puis ils s'approchent, poursuivent la proie, et la harcèlent à plusieurs. Il semble qu'ils attaquent les animaux qui se présentent, **sans véritable coordination**. Ce sont effectivement **les proies les plus vulnérables**, souvent jeunes, âgées ou blessées, qui sont atteintes, mais elles ne sont pas choisies par les loups, elles sont simplement **plus faciles à tuer**.

### Analyser un régime

La collecte et l'analyse des crottes d'un animal (poils, os, carapace, dents...) permet de connaître en grande partie son régime alimentaire. Mais il est difficile de différencier visuellement une crotte de chien d'une crotte de loup. Depuis peu, on peut faire une analyse d'ADN des restes. Mais nos connaissances dépendent des indices trouvés.

Les loups vivent en étroite relation avec les proies qu'ils chassent sur un territoire donné.

Les loups apportent souvent de petites proies aux louveteaux.

## Petites et grosses proies

Le loup est **un opportuniste** qui ne néglige aucune proie. Il mange aussi bien des oiseaux et des œufs que des reptiles, des grenouilles, des rongeurs (lapin, marmotte) ou de petits carnivores (hermine, renard), ainsi que des fruits et des feuilles. L'essentiel de son régime alimentaire est toutefois constitué de **proies moyennes**, telles que le chevreuil ou le sanglier. En Amérique, les rennes, les élans et les jeunes bisons font partie des plus grosses proies du loup, qui ne dédaigne pas non plus **les carcasses**. En Arctique, il s'attaque à des bœufs musqués. Les proies chassées **varient** beaucoup **d'une saison à l'autre** en fonction de leur vulnérabilité (jeunes, rut, gestation, neige...).

Les rivalités se jouent surtout pendant le repas, mais le couple dominant ne mange pas toujours en premier.

## Peu de réussite

Les loups **tuent pour vivre**, et quand ils chassent, ils ont très faim, mais la chasse n'est **pas aisée**. La meute n'arrive à capturer que 1 proie sur 10 en moyenne, ce qui est peu. Souvent, **les loups abandonnent** la poursuite si la cause paraît perdue. Certaines grosses proies peuvent **faire front** et elles sont alors harcelées par les prédateurs qui se jettent sur elles en les mordant de toutes parts. La partie n'est pas pour autant gagnée, même si les loups reviennent sans cesse à la charge, car ils sont **souvent blessés** par les ruades et les coups de sabots ou de cornes. La mise à mort dure parfois **plusieurs heures**.

## Jeûner sans peine

Le mythe du loup efficace qui tue rapidement sa proie en la mordant à la gorge en un éclair se révèle **inexact**. Les loups **s'adaptent à leurs proies**, mais ils ont du mal à se nourrir toute l'année. Souvent, les loups **reviennent** sur un site de prédation qui leur a été bénéfique. En général, ils mangent tout sur la carcasse, y compris les os et la peau. Mais parfois, ils **enterrent** les restes. Une fois repus, les loups peuvent **jeûner plusieurs jours**, voire plusieurs semaines.

En France, le territoire d'une meute couvre une surface de 200 à 250 $km^2$.

# Un territoire à défendre

**La meute défend son territoire de chasse contre les autres meutes et elle exclut les intrus sans ménagement. En le parcourant de long en large, elle connaît les moindres recoins de son domaine.**

Le loup est un bon nageur qui n'hésite pas à franchir les lacs et les rivières.

## Dans tous les milieux

De l'Alaska au Mexique et de la Sibérie à l'Inde, le loup s'est adapté **à tous les milieux**, en plaine comme en altitude. Il est capable de survivre sur la glace et dans les déserts. L'homme, qui a chassé le loup, a joué un rôle majeur dans **la sélection** des sous-espèces les mieux adaptées à chaque milieu.

### Un rôle écologique

Le loup tue plus facilement les individus faibles ou malades, ce qui contribue à limiter la propagation des maladies au sein des troupeaux d'ongulés. Comme il régule son activité et le nombre de ses petits en fonction des proies disponibles, il ne peut pas faire disparaître une espèce car, si elle devient rare, il changera de régime, ou se déplacera.

## Le marquage

Les loups **marquent** les limites de leur territoire en déposant bien en évidence leurs crottes et leur urine. Ils grattent aussi le sol avec leurs pattes pour déposer l'odeur qu'ils sécrètent par leurs coussinets : c'est **le déchaussage**. Le contenu des sacs anaux (petites poches renfermant une substance odorante) peut aussi être déposé, **à volonté**, avec les crottes. Le marquage est sans cesse renouvelé, car les limites du territoire sont **mouvantes** d'une année sur l'autre.

Les loups passent beaucoup de temps à marquer leur territoire, car celui-ci est mouvant.

La meute ne tolère aucun intrus sur son territoire. Si un loup étranger s'approche, il sera chassé, ou bien intégré au clan.

## Le domaine vital

Les loups se déplacent sur un **domaine très étendu**, mais ils se reproduisent et défendent **un territoire plus restreint**. Sur le domaine vital, la meute est nomade, elle chasse et change d'endroits selon la saison et les proies disponibles. Seul l'accès au territoire est **défendu** aux autres meutes et aux individus solitaires. Pas question que d'autres loups s'installent au même endroit : la chasse est gardée ! Pour connaître l'étendue d'un territoire, les chercheurs équipent certains loups d'**un émetteur** permettant de les localiser par radiotélémétrie, mais c'est un travail long et difficile.

## L'emploi du temps

Le loup est surtout **actif du crépuscule à l'aube**. Il passe des heures, voire des jours, à pister des proies, qui bougent elles aussi d'une saison à l'autre. C'est pour cette raison qu'il se déplace autant, sur un domaine aussi vaste. Le reste du temps, il **se repose** et échange des relations au sein de la meute. Mais les loups ne sont pas en permanence rassemblés. L'un d'eux peut **s'isoler momentanément** de la meute et la rejoindre ensuite.

# La louve règne

**Pendant la période de reproduction, la femelle dominante exerce une véritable inhibition sur les autres femelles du groupe. Elle sera ainsi la seule à s'accoupler avec le mâle le plus fort.**

## En chaleur l'hiver

Entre janvier et mars, la femelle émet une forte odeur signalant qu'elle est « en chaleur ». Elle est alors prête à se reproduire pendant 5 jours, ce qui n'arrive qu'une fois par an, contrairement au chien, qui peut avoir 2 portées par an.
Les interrelations entre mâles et femelles augmentent alors : contacts, simulation de monte, pattes posées sur les épaules, prise dans la gueule du museau du partenaire.

La cour dure environ 1 mois. C'est un comportement indispensable à la reproduction.

La femelle dominante est la seule à s'accoupler, parfois avec plusieurs mâles.

## Le couple reproducteur

Du fait du harcèlement incessant du couple dominant sur les autres mâles et femelles, ils sont le plus souvent **les seuls** à pouvoir **se reproduire**, même s'il arrive que la femelle s'accouple aussi avec d'autres mâles. **L'accouplement est long** : il dure 30 minutes, pendant lesquelles les partenaires sont accrochés l'un à l'autre. Pendant la période des amours, le couple a de **nombreux échanges**, que nous interprétons comme de la tendresse. Mais il s'avère que le concept du couple fidèle et stable n'est **pas vraiment une réalité** sur le terrain, car les jeunes peuvent s'avérer provenir de pères différents.

La louve vient de creuser cette profonde cavité à l'aide de ses pattes avant.

## Un bon abri

Pendant les 63 jours que dure **la gestation**, la louve cherche ou creuse une tanière, ou **louvière**, pour mettre au monde ses petits. Généralement **creusé** à flanc de coteau, près d'un point d'eau, cet abri peut aussi être un ancien terrier de renard ou de blaireau, ou une simple cavité. En **avril ou en mai**, à l'approche du grand jour, la femelle **perd les poils** de son ventre, qui fournissent une chaude litière aux louveteaux tout en dégageant ainsi ses mamelles.

### Contrôle des naissances

Comme chez tous les prédateurs, le nombre de petits par portée dépend des proies disponibles. Si la nourriture vient à manquer, la louve réduit physiologiquement le nombre de louveteaux à naître, de façon à ne pas nuire à la meute. Et au contraire, si les proies abondent, la portée est plus nombreuse. Ainsi, il n'y a jamais surpopulation de loups.

## Des adoptions possibles

Des chercheurs se sont aperçus que la meute pouvait **adopter** un loup étranger, mais ce phénomène reste **exceptionnel**.
Il intervient au moment de la dispersion des jeunes immatures, soit parce que le loup dominant a disparu, soit lors d'une recomposition de la meute, trop nombreuse.

Dans le couple, les relations amicales alternent avec les jeux de bagarre.

# La naissance

**La venue au monde des louveteaux est un moment fort de la meute, car tous participent à leur nourrissage et leur éducation.**

Les petits ouvrent les yeux vers le 15e jour après leur naissance, mais ils ne sortent de la tanière que deux mois plus tard.

## La mise bas

C'est dans la tanière que naissent les louveteaux, **entre fin mars et début mai**. Ils sont 4 ou 5 à sortir à intervalles réguliers pendant 3 à 5 h. Ils naissent **aveugles** et **sourds**, sans dents, et sont revêtus d'un pelage foncé très léger. Incapables de se débrouiller seuls, ils rampent jusqu'aux mamelles de leur mère et dorment souvent. Ils pèsent **de 300 à 500 g**, le poids d'un pamplemousse. Ils resteront pendant les 10 premières semaines de leur vie dans la tanière ou à proximité, et commenceront à pouvoir **hurler à 1 mois**.

Infatigables, les louveteaux passent leur temps à harceler leur mère pour avoir à manger.

## Les sites de rendez-vous

Vers la mi-juin, la femelle **déplace** les louveteaux vers les **« sites de rendez-vous »** où ils vivent pendant 4 mois. C'est le centre du territoire de la meute durant cette période, un lieu où sont élevés les jeunes déjà sevrés. Tous les adultes **participent au nourrissage** des louveteaux, ramenant de petites proies, ou se retrouvant sur ces sites après avoir chassé, seuls ou en groupe. Par un phénomène réflexe, les adultes **régurgitent la nourriture** demandée par les louveteaux.

La louve transporte chaque louveteau, d'un endroit à un autre, dans sa gueule, mais ça ne leur fait pas mal.

La louve allaite, couchée ou debout. Son lait très riche fait grossir les louveteaux de 50 à 230 g par jour.

## Une louve attentive

Quand elle est dans la tanière, les autres loups **nourrissent la louve** en lui régurgitant de la viande ou en lui apportant de petites proies devant l'entrée. Elle ne sort que pour aller boire. Ensuite, le mâle est **autorisé à entrer** dans le gîte. Une fois que les louveteaux sont sortis, la femelle peut relâcher son attention, car les autres loups veillent sur eux. Ils supportent avec **patience** leurs jeux, leurs mordillements et leurs bêtises. Les tyrans ont tous les droits.

### Que de dangers !

Les louveteaux sont surveillés par l'ensemble de la meute, bien utile en cette période. Pourtant, de nombreux louveteaux disparaissent ou sont capturés par des prédateurs. Selon les endroits, la moitié des louveteaux meurent avant d'avoir atteint l'âge de 1 an.

Au bout de 2 mois, les louveteaux commencent à manger de la viande fraîche.

Les louveteaux ont de nombreux contacts entre eux.
Ils se battent et s'échangent des coups de langue.

# À l'école de la chasse

**Devenir un bon prédateur est un long apprentissage. Il faut savoir lire les indices pour trouver une proie, être agile et fort, se faire comprendre des autres et savoir se défendre en cas de danger.**

## Jouer à gagner ou perdre

Les frères et sœurs jouent sans cesse à **la bagarre**. Ils se mordillent, se plaquent au sol, se poursuivent, histoire de tester leur habileté et leur force. Déjà, **les dominants** jouent à gagner, la tête et la queue hautes et les oreilles dressées, tandis que **les craintifs** prennent les attitudes de soumission pour ne pas avoir d'ennuis. À l'âge de 9 semaines, les louveteaux maîtrisent bien le répertoire des **mimiques faciales**. **Une hiérarchie** s'installe déjà au sein du groupe des jeunes.

Les louveteaux quémandent de la nourriture
prémâchée en touchant les babines des adultes.

## Apprendre les règles

Les louveteaux **font la loi** au sein de la meute. Tous les adultes sont à leur service, mais certaines femelles jouent vraiment le rôle de gardiennes pour s'occuper des petits. Elles font preuve d'une **patience remarquable** quand les jeunes leur tirent les oreilles ou leur montent sur le dos, et elles les surveillent sans cesse. Si les bagarres dégénèrent, les adultes interviennent avec quelques coups de dents bien placés. Il s'agit d'apprendre aux louveteaux **les règles de vie** en société.

En regardant les adultes, les louveteaux apprennent le langage des loups.

## Les sub adultes

Au mois de septembre, les louveteaux sont assez grands pour **suivre la meute** dans ses déplacements. Ils chassent seuls **à 10 mois**, ou s'associent aux adultes pour apprendre à capturer de grosses proies. Ils ne seront aptes à se reproduire qu'à l'âge de **2 ans** pour les femelles et 3 ans pour les mâles. Au printemps ou à l'automne, quand ils ont entre 1 et 5 ans, les sub adultes quittent leur meute d'origine pour devenir **indépendants**. Ils n'y reviendront jamais. Une nouvelle aventure commence pour eux...

### Pourquoi cette dispersion ?

On ne sait pas bien ce qui pousse un jeune loup à abandonner la sécurité de la meute et des espaces connus. Les chercheurs pensent que les louveteaux étant servis en priorité comme des princes, les sub adultes ne profitent plus des fruits de leur prédation. C'est la faim qui les pousserait à chercher ailleurs.

Au fur et à mesure, les jeunes sub adultes s'affirment les uns par rapport aux autres.

# Rêver

Les loups ont des relations sociales très proches des nôtres. Pleine de tendresse, la louve est une mère attentive et toute la meute participe à l'éducation des louveteaux. Les hurlements des loups n'ont pas de raison de nous glacer le sang : ils expriment tout simplement le ralliement de la meute.

La louve est une maman tendre
et très patiente avec ses petits.

En jouant à gagner ou à perdre avec ses frères et sœurs, il apprend le langage des loups.

Ce regard de loup, qui nous a tant impressionnés,
est celui d'un beau prédateur sauvage.

Gris ou noirs, ces frères et sœurs font partie de la même famille.

Bébé loup
un chio

Le loup gris est un prédateur qui a besoin de tuer pour vivre, mais il n'est pas plus féroce qu'un autre carnivore.

Le loup est un bel animal qui a sa place
dans la nature et dans la vie.

# Reconnaître

**Les loups font partie de la famille des canidés, présente sur tous les continents. En Europe, 5 espèces coexistent. Tous sont d'excellents coureurs endurants, qui grimpent peu. Certains hurlent, d'autres glapissent, ou aboient. Seuls les loups ont été domestiqués, il y a 14 000 ans, pour devenir nos chiens.**

# La famille des canidés

**Le loup fait partie de la famille des canidés, dont il existe 33 espèces dans le monde, réparties en 15 genres. Tous sont des carnivores terrestres.**

## Le chien viverrin

*Nyctereutes procyonoides*

**Répartition** : originaire d'Extrême-Orient, introduit en Russie et en Europe.
**Longueur*, poids** : 50 à 80 cm ; 4 à 10 kg
**Particularités** : il ressemble à un blaireau, avec un masque facial noir, entourant les yeux. Il tient parfois sa queue de manière particulière, en U inversé.
**Comportements** : plutôt nocturne, il vit dans les forêts au sous-bois dense, près des plans d'eau. Omnivore, il se nourrit de fruits, d'insectes, de batraciens et de rongeurs. Il occupe souvent les terriers de blaireaux ou de renards où il se repose avec sa famille.

## Le chacal à flancs rayés

*Canis adustus*

**Répartition** : Afrique centrale (sauf dans les forêts pluviales).
**Longueur, poids** : 70 à 80 cm ; 6 à 14 kg
**Particularités** : haut sur pattes avec, sur les flancs, une bande noire bordée d'un liseré clair, il présente souvent aussi, sur la cuisse, une rayure noire verticale, plus ou moins prononcée.
**Comportements** : il vit en couple stable, dans la savane et les steppes arborées jusqu'à 2 000 m d'altitude. Sédentaire, il définit, sur son petit territoire, des pistes, des lieux de repos et des emplacements pour les bains de soleil. Comme il chasse le soir ou la nuit, il passe la journée dans un fourré ou un terrier.

**La taille indiquée pour toutes les espèces correspond à la longueur du corps sans la queue.*

## Le chacal doré

*Canis aureus*

**Répartition** : du sud-est de l'Europe à l'Afrique centrale (du Sénégal à l'Éthiopie).
**Longueur, poids** : 65 à 105 cm ; 7 à 15 kg
**Particularités** : il a la face externe des pattes et des oreilles fauve et la queue sombre.
**Comportements** : cet omnivore est un coureur agile et musclé qui chasse des petits mammifères dans la savane boisée. En complément, il mange volontiers fruits, insectes, reptiles et charognes. Les individus communiquent entre eux par des hurlements variés.

## Le chacal à chabraque

*Canis mesomelas*

**Répartition** : Afrique orientale et australe.
**Longueur, poids** : 70 à 100 cm ; 6,5 à 10 kg
**Particularités** : il présente une sorte de couverture gris-noir sur tout le dos (d'où son nom).
**Comportements** : il vit en couple stable, avec un « assistant » qui aide à garder et nourrir les jeunes. Au menu : petits mammifères, fruits et rongeurs.

## Le coyote

*Canis latrans*

**Répartition** : tout l'ouest de l'Amérique du Nord.
**Longueur, poids** : 70 à 97 cm ; 12 à 18 kg
**Particularités** : couleur variable, de presque noir à très clair, avec une rayure noire visible au milieu du dos, des taches noires sur le devant des pattes antérieures, ainsi qu'à la base et au bout de la queue. Le mâle est plus gros que la femelle.
**Comportements** : son mode de vie est proche de celui du loup, mais il vit plus souvent en couple. Il hurle et aboie de manière particulière. Ses principales proies sont des animaux vieux ou malades (cerfs mulets, antilopes, mouflons, lapins…), mais il vole aussi des brebis et des volailles.

## Le chien des buissons

*Speothos venaticus*

**Répartition** : de l'Amérique centrale jusqu'au Paraguay.
**Longueur, poids** : 61 à 66 cm ; 5 à 7 kg
**Particularités** : ce petit chien forestier trapu a une petite queue et de courtes oreilles. En Guyane, on l'appelle le « chien bois ». Il n'a que 38 dents.
**Comportements** : très particulier, ce chien vit à proximité des rivières. Il nage d'ailleurs très bien et cache ses restes de nourriture dans l'eau. Infatigable, il trotte sur de grandes distances en se faufilant partout et chasse en famille, le jour comme la nuit. Il se nourrit de pacas et d'agoutis. Pour marquer son territoire en urinant, la femelle se dresse contre une paroi verticale, la tête en bas.

## Le fennec

*Vulpes zerda*

**Répartition** : Afrique du Nord, Arabie et Sinaï.
**Longueur, poids** : 37 à 41 cm ; 1 kg
**Particularités** : le plus petit des renards possède d'immenses oreilles (jusqu'à 15 cm de long). Son pelage est long et laineux et il a une queue rousse dont le bout est noir. Des poils, sous les pattes, lui permettent de marcher dans le sable sans s'enfoncer.
**Comportements** : nocturne, il vit en groupe d'une dizaine d'individus, dans des terriers creusés dans le sable. Il peut se passer d'eau pendant plusieurs jours, mais boit ensuite abondamment. Dans le désert, il se nourrit d'insectes, de rongeurs et de lézards.

## Le dhole

*Cuon alpinus*

**Répartition** : Chine, Inde, Indonésie.
**Longueur, poids** : 90 cm ; 17 kg
**Particularités** : rouille sable avec une queue noire touffue. Les nouveau-nés sont brun sombre. Il existe plusieurs sous-espèces de couleur et de taille différentes.
**Comportements** : il vit en meute territoriale de 5 à 12 individus, qui coopèrent pour la chasse et l'éducation des jeunes. Carnivore, le dhole éventre souvent ses proies en les tuant. La femelle met bas dans une tanière. Les dholes sont menacés par la destruction de leur habitat et la disparition de leurs proies.

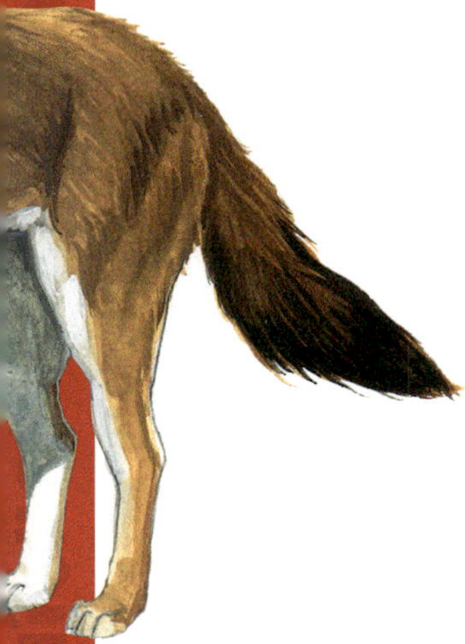

## Le lycaon

*Lycaon pictus*

**Répartition** : Afrique, du Sahara à l'Afrique australe.
**Longueur, poids** : 75 à 100 cm ; 18 à 28 kg
**Particularités** : il a un pelage ras brun foncé, marbré de clair, le bout de la queue blanche et de longues oreilles arrondies.
**Comportements** : il vit en meute de 7 à 8 individus (jusqu'à 30), dirigée par un couple dominant. À l'aube ou au crépuscule, ils partent en chasse. Exclusivement carnivores, les lycaons ont une dentition redoutable et peuvent courir pendant 5 km à 60 km/h. Ils s'attaquent aux impalas, aux pukus, aux gazelles, ou même à des koudous. C'est une espèce menacée d'extinction.

## L'otocyon

*Otocyon megalotis*

**Répartition** : sud et est de l'Afrique.
**Longueur, poids** : 60 à 70 cm ; 2,5 à 5 kg
**Particularités** : on l'appelle aussi « renard à oreilles de chauve-souris », car ses oreilles ovales peuvent atteindre 12 cm de long. Il possède une fente dans la peau, au milieu du dos, correspond à une glande qui sécrète une forte odeur.
**Comportements** : sa dentition est spécialement adaptée à la mastication d'insectes à carapace (termites, coléoptères), mais il mange aussi des scorpions, des reptiles et des oisillons. Nocturne, il vit dans la savane et les grandes plaines, en couple, ou en petits groupes de quelques individus.

## Le loup d'Abyssinie

*Canis simensis*

**Répartition** : seulement en Éthiopie.
**Longueur, poids** : 100 cm ; 10 kg
**Particularités** : il a un long museau pointu et de grandes oreilles triangulaires. Ses pattes sont longues et fines et sa queue très touffue.
**Comportements** : sa présence dépend de la densité des campagnols, sa proie favorite. Il les capture à la sortie de leurs galeries, sans les déterrer. Le loup d'Abyssinie vit en solitaire, ou parfois en couple, et marque son territoire par des petits tas de crottes.

## Le loup à crinière

*Chrysocyon brachyurus*

**Répartition** : centre de l'Amérique du Sud.
**Longueur, poids** : 105 cm ; 23 kg
**Particularités** : il ressemble à un renard monté sur échasses avec de très grandes oreilles (17 cm de haut). Son nom vient de la crinière noire présente sur son dos et ses épaules et qu'il peut dresser. Les nouveau-nés sont noirs avec le bout de la queue blanche. Il marche l'amble, comme la girafe.
**Comportements** : solitaire et farouche, il est actif surtout la nuit. Il chasse à l'affût dans les hautes herbes les rongeurs, les lapins et les insectes et capture ces proies d'un bond. Parcourant son territoire de long en large, il le marque en déposant ses crottes par petits tas. Il ne reste environ que 1 500 loups à crinière dans la nature.

## Le loup roux

*Canis rufus*

**Répartition** : quelques régions d'Amérique du Nord.
**Longueur, poids** : 51 à 81 cm ; 23 à 32 kg
**Particularités** : il doit son nom à son pelage brun-rouge assez foncé, qui permet de le distinguer du loup gris. Il est plus petit, plus léger, et possède des pattes plus fines que lui.
**Comportements** : il vivait dans les terres marécageuses, les forêts de pins et les prairies broussailleuses du sud-est des États-Unis et n'était pas dangereux pour le bétail. Mais il a été exterminé par un siècle de chasse et d'empoisonnements. On a réintroduit quelques individus dans l'est du Canada, mais il ne s'agit plus de souches pures, car les animaux se sont hybridés avec des coyotes.

## Le loup commun ou loup gris

*Canis lupus*

**Répartition** : jadis répandu dans presque tout l'hémisphère Nord. Exterminé dans de nombreux pays (Europe occidentale, centrale, Japon...).
**Longueur, poids** : 110 à 140 cm ; 25 à 50 kg
**Particularités** : il a l'allure d'un chien de berger allemand, mais en plus puissant et avec une tête plus large. La taille et la couleur du pelage varient beaucoup selon les régions et la saison.
**Comportements** : très prudent et farouche, il vit le plus souvent en famille. Le couple dominant peut rester plusieurs années ensemble. Le mâle participe à l'élevage des louveteaux, tout comme les autres membres de la meute. Les hurlements ont un rôle social important.

## Le renard crabier

*Dusicyon thous*

**Répartition** : Amérique du Sud.
**Longueur, poids** : 60 à 70 cm ; 5 à 8 kg
**Particularités** : proche du raton laveur nord-américain, il a le pelage poivre et sel avec une bande médiane noire. Ses oreilles sont foncées et sa queue longue avec le bout noir.
**Comportements** : on l'appelle ainsi parce qu'il vit dans les zones de mangroves où il se nourrit de crabes, mais il mange aussi de petits vertébrés, des insectes et des fruits divers. Il vit solitaire ou en couple et est actif la nuit. Il est activement chassé pour sa fourrure, bien qu'elle soit sans valeur.

## Le renard polaire

*Alopex lagopus*

**Répartition** : régions subarctiques et arctiques.
**Longueur, poids** : 50 à 65 cm ; 3 à 3,8 kg
**Particularités** : il a un museau court et surtout de petites oreilles arrondies. Il existe 2 types de colorations, ayant chacune une forme estivale et une forme hivernale : le gris-bleu devient blanc en hiver et le « renard bleu » est gris fumé en été et gris-bleu clair en hiver.
**Comportements** : il vit, en famille ou en couple, sur un territoire qui varie beaucoup en fonction des proies disponibles : lemmings et campagnols. La femelle met bas dans un terrier et le mâle participe à l'élevage des jeunes. Grâce à son pelage fin et chaud, le renard polaire ne commence à frissonner qu'à –70 °C !

## Le renard gris d'Argentine

*Dusicyon griseus*

**Répartition** : de l'Équateur à la Terre de Feu.
**Longueur, poids** : 42 à 68 cm ; 4,4 kg
**Particularités** : il ressemble à un petit coyote avec le pelage gris pâle moucheté, le dessous pâle, mais il a la dentition d'un renard.
**Comportements** : nocturne, il fréquente les plaines, les pampas et les basses montagnes. Comme tous les renards du genre *Dusicyon*, il est endémique à l'Amérique du Sud. Il vit en couple avec une « assistante » qui aide à l'éducation des jeunes. Son régime est omnivore.

## Le renard à petites oreilles

*Dusicyon microtis*

**Répartition** : depuis l'Amazonie jusqu'à la Colombie.
**Longueur, poids** : 70 à 90 cm ; 9 kg
**Particularités** : il a l'allure d'un chat, rayé de noir sur le dos et la queue, avec de petites oreilles arrondies et un pelage court et épais. Ses dents sont longues et robustes.
**Comportements** : il vit dans les forêts tropicales de manière si discrète qu'on sait très peu de chose sur lui. Son pelage lisse et épais laisse supposer qu'il recherche l'eau et les régions très pluvieuses. Ses mouvements légers et élégants rappellent plus un chat qu'un canidé. Il sécrète, par ses glandes anales, une forte odeur de musc.

## Le renard roux

*Vulpes vulpes*

**Répartition** : presque tout l'hémisphère Nord.
**Longueur, poids** : 50 à 90 cm ; 4 à 10 kg
**Particularités** : la coloration du renard est très variable, même si, en Europe, il est plutôt brun-roux, avec la gorge et le ventre clairs et une queue touffue. On trouve aussi des renards charbonniers qui ont le dessous noir et des renards albinos.
**Comportements** : solitaire et surtout nocturne, il chasse les rongeurs en faisant des bonds sur place. Sur son territoire, qu'il défend et qu'il marque abondamment, il suit des « coulées » ou chemins de passage. Partageant souvent le terrier du blaireau, il est aussi capable de creuser ses galeries lui-même.

## Le renard gris d'Amérique

*Urocyon cinereoargenteus*

**Répartition** : du sud du Canada au Venezuela.
**Longueur, poids** : 53 à 73 cm ; 3,5 à 7 kg
**Particularités** : il présente toujours une bande noire, de la nuque au bout de la queue, qui est blanche dessous avec l'extrémité noire.
**Comportements** : nocturne, il ne creuse pas de terrier, mais se réfugie entre les rochers ou grimpe aux arbres. Plus végétarien que les autres canidés, il ne mange, à certaines saisons, que des baies et des graines. À d'autres périodes, il se nourrit de petits rongeurs, de lièvres ou d'insectes. Il est chassé pour sa fourrure.

## Le renard du Cap

*Vulpes chama*

**Répartition** : Afrique australe.
**Longueur, poids** : 50 cm ; 3 à 4,5 kg
**Particularités** : il a le dos et la face supérieure de la queue gris argenté, alors que sa tête et ses membres sont jaune pâle. Sa queue est longue et touffue.
**Comportements** : il est actif la nuit, car le jour il préfère s'abriter de la chaleur dans un terrier qu'il creuse dans le sable. Cet amateur d'insectes se nourrit aussi de gerbilles, de petits oiseaux et de lézards. On dit qu'il sait briser les œufs d'autruche en les faisant rouler sur des pierres pointues !

## Le renard corsac

*Vulpes corsac*

**Répartition** : de la Volga à la Mongolie et la Mandchourie.
**Longueur, poids** : 50 à 65 cm ; 3 à 3,8 kg
**Particularités** : son pelage est couleur de sable roussâtre en été et tout blanc en hiver, avec seulement les oreilles grisâtres.
**Comportements** : sans domicile fixe, il erre en s'abritant dans des terriers en cas de besoin ou en grimpant aux arbres. Amateur de pikas, il attrape aussi des campagnols, des oiseaux, des lézards et de gros insectes. Il est chassé activement pour sa fourrure d'hiver, chaude et épaisse. C'est un petit renard vif et agile, apprécié en captivité pour ses mœurs diurnes.

## Le renard véloce

*Vulpes velox*

**Répartition** : ouest des États-Unis et du Canada, jusqu'en Alaska.
**Longueur, poids** : 61 à 81 cm ; 1,4 à 2,7 kg
**Particularités** : sa queue, bien fournie et cylindrique, se termine par une bande noire et il a une marque noire en dessous des yeux, de chaque côté du museau.
**Comportements** : solitaire et plutôt nocturne, il creuse un terrier profond aux multiples galeries. Il se nourrit de petits mammifères, d'oiseaux, d'insectes et de baies. Souvent, l'hiver, il cache les restes de nourriture dans le sol. Très rapide, il atteint 40 km/h sur une courte distance.

# Rencontrer

Certains hommes ont gardé une haine profonde pour le loup, qui fait écho à leurs peurs ancestrales : peur du noir, des hurlements, du sang, peur d'être mangé ! Mais en réalité, le loup est un animal sauvage avec qui nous pouvons tout à fait réapprendre à vivre, même s'il mange quelques-uns de nos moutons.

Attiré par de la nourriture, le loup s'est approché des hommes pendant les guerres et les périodes de famine.

# La peur du loup

**La peur du loup est profonde dans notre inconscient d'homme occidental. Elle est nourrie par les nombreux contes et mythes qui nous renvoient l'image d'un loup dangereux et sanguinaire. Mais l'homme n'a pas toujours vu le loup comme un ennemi…**

## Du loup au chien

Même si l'archéologie ne retrouve aucune trace de domestication antérieure à –14 000 ans, les études sur l'ADN montrent que la séparation du loup et du chien remonte au moins à 100 000 ans. L'homme a cherché dès le début à apprivoiser les loups proches de son campement : il ne le considérait donc pas comme un ennemi ! On a retrouvé aussi des os de canidés dans des tombes, et même entre les mains des morts, on ne sait pas pourquoi. Dans la mythologie romaine, la légende de Romulus et Remus, recueillis et élevés par une louve, raconte la fondation de Rome. La louve est le symbole de la femelle nourricière et maternelle, tandis que le loup mâle est guerrier et fondateur.

### L'ancêtre des canidés

Il y a 65 millions d'années, apparaissent les créodontes, un groupe de mammifères fossiles, ancêtres des carnivores. Puis ils disparaissent et sont remplacés par les premiers vrais carnivores en Amérique du Nord à l'Oligocène (entre -36 et -24 MA). Le loup et le chat, dans leurs formes actuelles, apparaissent au Pliocène (entre -5,3 et -1,64 MA).

## Le grand méchant loup

La culture chrétienne a ensuite diabolisé le loup, le rendant noir, prédateur et agressif, tout en violence et en désir, face à l'agneau blanc, signe de pureté, de douceur et de soumission. *Le Petit Journal* publiait, avec de multiples détails, des récits de drames, où le loup mangeait brebis et hommes, ou volait les enfants. Pourtant, si le loup a mangé des hommes, ce fut extrêmement rare. Pour le loup, l'homme n'est pas une proie potentielle.

Devant l'agressivité du loup pendant les repas, les hommes ont vite fait de voir en lui une bête terrifiante.

## Victime de sa légende

Le conte *Le Petit Chaperon rouge* est gravé dans toutes les mémoires. Déguisé en mère-grand, le loup aux grandes dents trompe la petite fille et la mange. Quelle horreur ! Enfant, on joue à avoir peur du loup, qui risque de manger les enfants pas sages. C'est un jeu, mais cela n'a aucun rapport avec la réalité, ni avec l'animal vivant, qui porte le même nom. Pourtant, dans notre imaginaire, la peur du loup existe toujours. Alors, il va falloir changer les histoires !

Le loup reste un animal mystérieux qui hante les forêts. Mais c'est à nous de différencier les mythes de la réalité.

# La disparition du loup

**Les loups vivaient dans toutes les régions situées au nord du 15e degré de latitude nord, mais ils ont été massacrés partout. Aujourd'hui classés « espèce protégée » dans certains pays, ils recolonisent, 100 ans plus tard, les espaces jadis perdus.**

6 000 loups arctiques vivent en Alaska. La chasse d'un certain quota est autorisée pour la fourrure.

## Dans le monde

Le loup était présent dans tout l'hémisphère Nord, sur une vaste zone qui couvrait la moitié de la planète. Seule la forêt tropicale humide n'abritait pas de loups. Ailleurs, le loup est remplacé par d'autres canidés : chacal, fennec, lycaon... Le loup avait une des plus vastes aires de répartition du règne animal, avant que l'homme ne l'extermine partout. Au XXe siècle, il n'occupe plus que 1 % de cet espace.

### La rage

La rage est une maladie infectieuse qui peut toucher tous les mammifères, mais le virus transmis par le renard est différent de celui du loup et du chien. Présent dans la salive des animaux infectés, le virus se transmet surtout par morsure. En France, la rage vulpine était présente jusqu'à XXe siècle, elle a aujourd'hui disparu de l'Europe de l'Ouest.

L'homme a exterminé tous les loups de France.
À nous de trouver les moyens nécessaires pour le protéger.

## En Europe

Au cours du xx<sup>e</sup> siècle, le loup a pratiquement disparu d'Europe occidentale, à l'exception de l'Italie, de l'Espagne et du Portugal. En Europe centrale, dans l'ex-URSS, en Inde, au Proche-Orient et dans le reste de l'Asie, le loup a survécu, même s'il est souvent chassé. Piégé pour sa fourrure (il a une odeur et un goût trop forts pour que l'on consomme sa viande), on en a fait des vêtements et des couvertures. Mais la destruction du loup n'a pas la même intensité qu'en France, où il y a une réelle volonté d'extermination de l'espèce.

## En France

C'est en 813 que Charlemagne crée en France les « louvetiers » chargés de capturer les louveteaux et de tuer les loups toute l'année et par tous les moyens. Ces chasseurs spécialisés restent actifs jusqu'en 1971 pour réguler les espèces dites « nuisibles » et maintenir l'équilibre de la faune sauvage ! De 500 à plus de 5 000 loups sont tués chaque année, du fait des primes distribuées. En 1939, le dernier loup français est tué. L'homme se sent maître de la nature. Il n'y a plus de place pour le loup !

Combien de temps le loup sera-t-il encore considéré par certains comme nuisible ?

Cohabiter ne veut pas dire « vivre à côté »,
mais partager le même espace en apprenant à vivre ensemble.

# Un retour naturel

**La nature ne connaît pas de frontières et les animaux sauvages non plus. Des loups, protégés en Italie, se sont petit à petit dispersés en France. Ils y ont leur place, car ils ont le droit, tout comme les autres prédateurs, d'exister à l'état sauvage.**

## Venus d'Italie

En Europe occidentale, l'Italie est le seul pays à s'être engagé dans la protection du loup depuis 1976. Les travaux de recherche, d'enseignement et d'éducation à l'environnement effectués par Luigi Boitani depuis 1970 y ont grandement contribué. En France, le loup est protégé par la ratification de la convention de Berne depuis 1979. C'est en silence et dans la discrétion que les loups se sont installés en France vers novembre 1992. Depuis, le loup colonise petit à petit de nouveaux territoires. Mais il gêne les éleveurs, qui lui déclarent à nouveau la guerre.

### L'exemple italien

Les Italiens nous montrent que la cohabitation avec le loup est tout à fait possible à partir du moment où leurs troupeaux sont gardés par un berger, regroupés pendant la nuit et surveillés par des chiens spécialisés. Cela présente l'avantage d'attirer des touristes et des amoureux de la nature sauvage, qui rêvent de marcher dans une zone à loups, ou à ours.

## Une espèce protégée

Déjà, aux alentours de 1925-1930, quand certains proposent que les parcs nationaux deviennent des sanctuaires pour les prédateurs, les États-Unis en exclut le loup. Ainsi, la destruction de cet animal mal aimé se poursuit, même au cœur des parcs. En France, l'espèce est protégée par la loi, mais certaines personnes s'accordent le droit de tuer les individus qui les dérangent. Pourtant, conscient des dommages que cause le loup sur les troupeaux de moutons, l'État français propose de dédommager financièrement les bergers concernés. Le but est d'essayer de cohabiter avec la cinquantaine de loups présents en 2005 sur le territoire français.

En zone à loup, l'éleveur ne peut plus laisser ses bêtes seules dans la montagne. Il lui faut les surveiller.

En enregistrant les hurlements des loups, on peut évaluer leur nombre et les localiser.

## Les chiens errants

Bien avant le retour du loup en France, de nombreux cas de prédation étaient recensés sur les brebis, du fait des chiens errants. Ces chiens domestiques, laissés en liberté, s'attaquent très souvent aux troupeaux, en créant une panique très préjudiciable aux bêtes. Depuis 1992, des attaques effectives de loups ont été constatées sur des troupeaux. Mais les chiens errants continuent leurs sévices. L'État propose d'indemniser les éleveurs, qui subissent des dommages par les loups, pour les inciter à trouver des avantages à vivre avec les loups. Mais il faut du temps pour que les mentalités changent...

Il est toujours plus facile d'accuser un loup qu'un chien domestique, même errant !

# Vivre avec les loups

**La présence du loup en France est une source de confits entre les éleveurs, les chasseurs et les protecteurs de la nature. Plutôt que de laisser à nouveau se propager la haine, nous pouvons apprendre à vivre avec les loups.**

Entendre le hurlement d'un loup dans la montagne est signe que notre nature est en bonne santé.

## La hargne des chasseurs

Les chasseurs se considèrent depuis longtemps comme les seuls gestionnaires de la faune sauvage. En ce sens, ils voient les loups comme des concurrents face à la régulation des ongulés. Les chasseurs peuvent exercer un rôle utile sur les chevreuils, les chamois et les sangliers en limitant leur nombre. Mais pourquoi cela empêche-t-il les loups d'avoir leur place de prédateurs sauvages ? L'homme n'est pas le maître de la nature. Il fait partie d'un écosystème fragile, dont il a souvent tendance à vouloir trop modifier les cartes !

L'État a autorisé le tir de 4 loups pour l'année 2004. Dommage ! Car ces battues attisent la haine.

## La colère des bergers

Il est un fait que les moutons qui pâturent sans surveillance dans les alpages constituent des proies faciles pour les loups. Le problème vient de l'habitude qu'ont prise les éleveurs de faire transhumer l'été d'immenses troupeaux, plutôt que de les parquer la nuit dans des enclos par petits groupes. On comprend la colère des bergers quand une brebis est attaquée par un loup et qu'un troupeau de plusieurs dizaines de bêtes se précipite dans un ravin, poussé par la panique. Partager notre territoire avec les loups suppose de remettre en question nos habitudes et nos modes d'élevage.

## Protégeons nos troupeaux

Il existe plusieurs moyens de prévention pour protéger nos troupeaux. Le plus connu consiste à dresser des chiens de protection : les célèbres chiens « patous ». Élevés dès leur plus jeune âge parmi les moutons, ils se mêlent au troupeau et dissuadent le loup d'approcher par leurs aboiements. Leur travail est plus efficace si le troupeau est maintenu dans un enclos la nuit, à proximité d'un berger prêt à intervenir. Au Canada, on cherche plutôt à déplacer les loups qui se spécialisent sur la prédation du bétail. Ces techniques sont très efficaces, mais elles nécessitent de l'argent, du temps et de la volonté.

**Méfiance !**

En tant que randonneur, si tu croises un troupeau avec un chien de protection, blanc, à la taille imposante, fais un détour. La mission du patou est de protéger son troupeau. Il ne se bat jamais avec un loup, mais il peut s'interposer et te mordre s'il sent ses brebis menacées. Méfie-toi !

Il existe plusieurs espèces de chiens de protection. Ils sont parfois équipés d'un collier à pointes, efficace contre les loups.

# Loin des idées reçues

**De quel droit l'homme peut-il décider de l'existence ou non d'une espèce vivante dans la nature ? Le retour du loup en France est une chance. À nous de trouver comment cohabiter avec cette espèce sauvage.**

## Une élimination inutile

Tuer tel loup, qui s'est installé près d'un troupeau et prélève des bêtes régulièrement, est inutile. Car un autre viendra un jour prendre sa place. La haine de l'homme n'est plus d'actualité. Les loups restent là où il y a de l'espace et des proies. La reconquête des milieux naturels par la vie sauvage est en marche. À l'homme de s'organiser pour que cette cohabitation se fasse sans trop de conflits, en gérant les populations de loups et de bétail.

Le loup est un animal discret et farouche qui peut vivre avec nous.

### Elles en disent long...

Le loup est très présent dans notre langage quotidien. Ainsi, on marche « à pas de loup », on se met « à la queue leu leu » (leu est le nom du loup en français ancien), on a une « faim de loup », on se promène « entre chien et loup » à la tombée de la nuit et on se « jette dans la gueule du loup ».

## Bienvenue en zone à loup !

De plus en plus nombreux sont les citadins et les touristes qui souhaitent laisser une place à la vie sauvage pour aller s'aventurer dans la nature pendant les vacances. Ils sont prêts à aider les bergers et à payer le prix qu'il faut pour maintenir des zones à loup et à ours, symboles de liberté. Pourquoi ne pas tirer profit de cet engouement plutôt que d'opposer les gens des villes aux gens des champs ? Les préoccupations des uns et des autres sont différentes, mais ils vivent sous le même soleil...

Les loups s'habituent facilement à la présence de l'homme.

# Pour en savoir plus

## À visiter

– Le parc du Gévaudan :
Sainte-Lucie
48100 MARVEJOLS
Tél. : 04 66 32 09 22
www.loupsdugevaudan.com

– La maison des loups :
Les Forges d'Orlu, 09110 ORLU
Tél. : 05 61 64 02 66
www.maisondesloups.com

## À lire

– *La Voie du loup* : revue trimestrielle, éditée par France Nature Environnement, qui donne des nouvelles régulières sur les loups en France.
– *Les Loups,* de Geneviève Carbone, Éditions Larousse, Paris, 2003.
– *Vivre avec le loup,* de Julie Delfour, Éditions Hesse.
– *Le Loup,* de Christian Havard, collection « Patte à patte », Éditions Milan Toulouse, 2003.

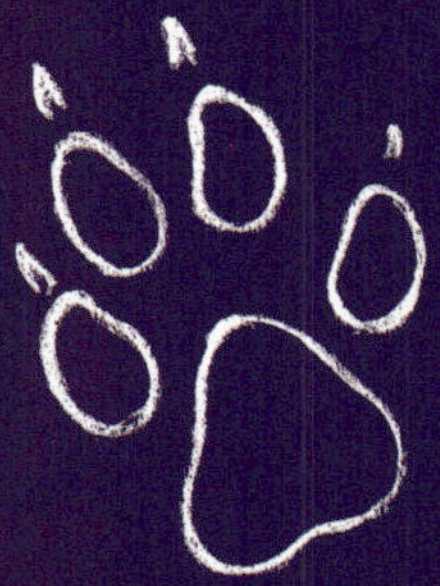

## Des sites utiles

www.loup.environnement.gouv.fr
www.wwf.fr
www.euroloup.com

## Des actions

France Nature Environnement/Mission Loup (FNE) : 8, rue Adèle-Riton – 67000 STRASBOURG. www.fne.asso.fr

Le Groupe Loup France et l'association Artus sont désormais regroupés en une même association : FERUS, Ours-Loup-Lynx Conservation
www.ours-loup-lynx.info

ASPAS (Association pour la protection des animaux sauvages) : BP 505
26401 Crest Cedex
www.aspas-nature.org

## À voir

– Le Centre du loup – 06450 Saint-Martin-Vésubie
– Parc national du Mercantour : pour se promener dans une région où le loup est présent.
www.parc-mercantour.com

# Index

## Crédit photographique

**Agence BIOS**: P. VERNAY: p. 5; J.-L. KLEIN/M.-L. HUBERT: $1^{re}$ et $4^{e}$ de couverture, p. 8, 12 (h), 14 (h), 19 (h), 20 (h), 22 (b), 25 (h), 26 (h et b), 27 (b), 28 (h et b), 32-33, 34, 35, 36-37, 41, 56, 58, 61 (b) ; R. VALTER: p. 20 (b) ; STOELWINDER: p. 23 (b) ; C. SAMS R./P. ARNO: p. 30 ; D. COX/OSF: p. 39 ; M. HARVEY: p. 44 ; L. MANIERI: p. 61 (h) ; M. GUNTHER: p. 63 (bd) ; SIERRA JORGE/PHONE: p. 64 (b).
**PANDA PHOTO/BIOS**: L. ACCUSANI: p. 11 (h) ; Wildlife-COX: p. 14 (b) ; ARDEIDAS: p. 15 (b) ; G. MARCOAL: p. 17 (h) ; M. CALANDRINI: p. 17 (b) ; A. BARDI: p. 22 (h) ; GRENET/SOUMILARD/PHONE: p. 23 (h) ; H. AUSLOOS: p. 27 (h) ; Flpa-WHITTAKER: p. 29 (b) ; J. FOOTT: p. 59 (h) ; M. BRANCHI: p. 62.
**Agence JACANA/GHFP**: C. KRUTZ/Age Fotostock: p. 10, 16, ; X. ROSSI/Gamma: p. 11 (m), 24 (h), 29 (h), 64 (h) ; J. LEPORE: p. 12 (b), 27 (m), 38 ; KUNST/SCHEIDULIN/Age Fotostock: p. 13 (h), 17 (m) ; S. WINDSTRAND/Nature PL: p. 13 (b), 21 (h) ; T. WALKER: p. 15 (h), 21 (b) ; S. CORDIER: p. 18 ; D. WELLING/Nature PL: p. 19 (b) ; E. BECCEGA: p. 24 (b) ; C. M. BAHR: p. 25 (b), 66 (h) ; U. WALZ: p. 40 ; S. KRASEMANN: p. 42-43, 59 (b) ; L. M. STONE/Nature PL: p. 60 ; A. GANDOLFI: p. 63 (h) ; C. NARDIN: p. 63 (mg) ; D. CAUCHOIX: p. 65 (b) ; A. HELGESTAD/Nature PL: p. 66 (b) ; S. CORDIER: p. 67.

Illustrations couleurs: Benoît CHARLES ; croquis au trait: Amandine LABARRE.

Un loup de
**60 kg**
mange en moyenne
**5 à 11 kg**
de viande par jour

**70 km/h**
c'est la vitesse de pointe du loup

En Europe, les meutes sont formées de **2 à 7 loups**

Des loups ont survécu
**17 jours**
sans manger, c'est un record de jeûne.

**6 272 km²**
c'est la surface record du territoire d'une meute nord-américaine

**28** c'est le nombre de dents de lait des louveteaux

L'espérance de vie maximale d'un loup dans la nature ne dépasse pas **13 ans**